AF081555

Agenda

2019-2020

Ce planificateur appartient à:

Nom:
Anniversaire:
Adresse:
Mobile:
É-mail:

JAN 2019
LU MA ME JE VE SA DI
	1	2	3	4	5	6
7	8	9	10	11	12	13
14	15	16	17	18	19	20
21	22	23	24	25	26	27
28	29	30	31			

FÉV 2019
LU MA ME JE VE SA DI
				1	2	3
4	5	6	7	8	9	10
11	12	13	14	15	16	17
18	19	20	21	22	23	24
25	26	27	28			

MAR 2019
LU MA ME JE VE SA DI
				1	2	3
4	5	6	7	8	9	10
11	12	13	14	15	16	17
18	19	20	21	22	23	24
25	26	27	28	29	30	31

AVR 2019
LU MA ME JE VE SA DI
1	2	3	4	5	6	7
8	9	10	11	12	13	14
15	16	17	18	19	20	21
22	23	24	25	26	27	28
29	30					

2019

MAI 2019
LU MA ME JE VE SA DI
		1	2	3	4	5
6	7	8	9	10	11	12
13	14	15	16	17	18	19
20	21	22	23	24	25	26
27	28	29	30	31		

JUIN 2019
LU MA ME JE VE SA DI
					1	2
3	4	5	6	7	8	9
10	11	12	13	14	15	16
17	18	19	20	21	22	23
24	25	26	27	28	29	30

JUIL 2019
LU MA ME JE VE SA DI
1	2	3	4	5	6	7
8	9	10	11	12	13	14
15	16	17	18	19	20	21
22	23	24	25	26	27	28
29	30	31				

AOÛT 2019
LU MA ME JE VE SA DI
			1	2	3	4
5	6	7	8	9	10	11
12	13	14	15	16	17	18
19	20	21	22	23	24	25
26	27	28	29	30	31	

SEP 2019
LU MA ME JE VE SA DI
						1
2	3	4	5	6	7	8
9	10	11	12	13	14	15
16	17	18	19	20	21	22
23	24	25	26	27	28	29
30						

OCT 2019
LU MA ME JE VE SA DI
	1	2	3	4	5	6
7	8	9	10	11	12	13
14	15	16	17	18	19	20
21	22	23	24	25	26	27
28	29	30	31			

NOV 2019
LU MA ME JE VE SA DI
				1	2	3
4	5	6	7	8	9	10
11	12	13	14	15	16	17
18	19	20	21	22	23	24
25	26	27	28	29	30	

DÉC 2019
LU MA ME JE VE SA DI
						1
2	3	4	5	6	7	8
9	10	11	12	13	14	15
16	17	18	19	20	21	22
23	24	25	26	27	28	29
30	31					

JAN 2020
LU MA ME JE VE SA DI
				1	2	3	4	5
		1	2	3	4	5
6	7	8	9	10	11	12
13	14	15	16	17	18	19
20	21	22	23	24	25	26
27	28	29	30	31		

FÉV 2020
LU MA ME JE VE SA DI
					1	2
3	4	5	6	7	8	9
10	11	12	13	14	15	16
17	18	19	20	21	22	23
24	25	26	27	28	29	

MAR 2020
LU MA ME JE VE SA DI
						1
2	3	4	5	6	7	8
9	10	11	12	13	14	15
16	17	18	19	20	21	22
23	24	25	26	27	28	29
30	31					

AVR 2020
LU MA ME JE VE SA DI
		1	2	3	4	5
6	7	8	9	10	11	12
13	14	15	16	17	18	19
20	21	22	23	24	25	26
27	28	29	30			

2020

MAI 2020
LU MA ME JE VE SA DI
				1	2	3
4	5	6	7	8	9	10
11	12	13	14	15	16	17
18	19	20	21	22	23	24
25	26	27	28	29	30	31

JUIN 2020
LU MA ME JE VE SA DI
1	2	3	4	5	6	7
8	9	10	11	12	13	14
15	16	17	18	19	20	21
22	23	24	25	26	27	28
29	30					

JUIL 2020
LU MA ME JE VE SA DI
		1	2	3	4	5
6	7	8	9	10	11	12
13	14	15	16	17	18	19
20	21	22	23	24	25	26
27	28	29	30	31		

AOÛT 2020
LU MA ME JE VE SA DI
					1	2
3	4	5	6	7	8	9
10	11	12	13	14	15	16
17	18	19	20	21	22	23
24	25	26	27	28	29	30
31						

SEP 2020
LU MA ME JE VE SA DI
	1	2	3	4	5	6
7	8	9	10	11	12	13
14	15	16	17	18	19	20
21	22	23	24	25	26	27
28	29	30				

OCT 2020
LU MA ME JE VE SA DI
			1	2	3	4
5	6	7	8	9	10	11
12	13	14	15	16	17	18
19	20	21	22	23	24	25
26	27	28	29	30	31	

NOV 2020
LU MA ME JE VE SA DI
						1
2	3	4	5	6	7	8
9	10	11	12	13	14	15
16	17	18	19	20	21	22
23	24	25	26	27	28	29
30						

DÉC 2020
LU MA ME JE VE SA DI
	1	2	3	4	5	6
7	8	9	10	11	12	13
14	15	16	17	18	19	20
21	22	23	24	25	26	27
28	29	30	31			

AOÛT 2019

01	JE	
02	VE	
03	SA	
04	DI	
05	LU	32
06	MA	
07	ME	
08	JE	
09	VE	
10	SA	
11	DI	
12	LU	33
13	MA	
14	ME	
15	JE	
16	VE	
17	SA	
18	DI	
19	LU	34
20	MA	
21	ME	
22	JE	
23	VE	
24	SA	
25	DI	
26	LU	35
27	MA	
28	ME	
29	JE	
30	VE	
31	SA	

SEPTEMBRE

01	DI	
02	LU	36
03	MA	
04	ME	
05	JE	
06	VE	
07	SA	
08	DI	
09	LU	37
10	MA	
11	ME	
12	JE	
13	VE	
14	SA	
15	DI	
16	LU	38
17	MA	
18	ME	
19	JE	
20	VE	
21	SA	
22	DI	
23	LU	39
24	MA	
25	ME	
26	JE	
27	VE	
28	SA	
29	DI	
30	LU	40

OCTOBRE

01	MA	
02	ME	
03	JE	
04	VE	
05	SA	
06	DI	
07	LU	41
08	MA	
09	ME	
10	JE	
11	VE	
12	SA	
13	DI	
14	LU	42
15	MA	
16	ME	
17	JE	
18	VE	
19	SA	
20	DI	
21	LU	43
22	MA	
23	ME	
24	JE	
25	VE	
26	SA	
27	DI	
28	LU	44
29	MA	
30	JE	
31	VE	

NOVEMBRE

01	VE	
02	SA	
03	DI	
04	LU	45
05	MA	
06	ME	
07	JE	
08	VE	
09	SA	
10	DI	
11	LU	46
12	MA	
13	ME	
14	JE	
15	VE	
16	SA	
17	DI	
18	LU	47
19	MA	
20	ME	
21	JE	
22	VE	
23	SA	
24	DI	
25	LU	48
26	MA	
27	ME	
28	JE	
29	VE	
30	SA	

DÉCEMBRE

01	DI		
02	LU		49
03	MA		
04	ME		
05	JE		
06	VE		
07	SA		
08	DI		
09	LU		50
10	MA		
11	ME		
12	JE		
13	VE		
14	SA		
15	DI		
16	LU		51
17	MA		
18	ME		
19	JE		
20	VE		
21	SA		
22	DI		
23	LU		52
24	MA		
25	ME		
26	JE		
27	VE		
28	SA		
29	DI		
30	LU		01
31	MA		

JANVIER 2020

01	ME		
02	JE		
03	VE		
04	SA		
05	DI		
06	LU		02
07	MA		
08	ME		
09	JE		
10	VE		
11	SA		
12	DI		
13	LU		03
14	MA		
15	ME		
16	JE		
17	VE		
18	SA		
19	DI		
20	LU		04
21	MA		
22	ME		
23	JE		
24	VE		
25	SA		
26	DI		
27	LU		05
28	MA		
29	ME		
30	JE		
31	VE		

FÉVRIER

01	SA	
02	DI	
03	LU	06
04	MA	
05	ME	
06	JE	
07	VE	
08	SA	
09	DI	
10	LU	07
11	MA	
12	ME	
13	JE	
14	VE	
15	SA	
16	DI	
17	LU	08
18	MA	
19	ME	
20	JE	
21	VE	
22	SA	
23	DI	
24	LU	09
25	MA	
26	ME	
27	JE	
28	VE	
29	SA	

MARS

01	DI	
02	LU	10
03	MA	
04	ME	
05	JE	
06	VE	
07	SA	
08	DI	
09	LU	11
10	MA	
11	ME	
12	JE	
13	VE	
14	SA	
15	DI	
16	LU	12
17	MA	
18	ME	
19	JE	
20	VE	
21	SA	
22	DI	
23	LU	13
24	MA	
25	ME	
26	JE	
27	VE	
28	SA	
29	DI	
30	LU	14
31	MA	

		AVRIL				MAI	
01	ME			01	VE		
02	JE			02	SA		
03	VE			03	DI		
04	SA			04	LU		19
05	DI			05	MA		
06	LU		15	06	ME		
07	MA			07	JE		
08	ME			08	VE		
09	JE			09	SA		
10	VE			10	DI		
11	SA			11	LU		20
12	DI			12	MA		
13	LU		16	13	ME		
14	MA			14	JE		
15	ME			15	VE		
16	JE			16	SA		
17	VE			17	DI		
18	SA			18	LU		21
19	DI			19	MA		
20	LU		17	20	ME		
21	MA			21	JE		
22	ME			22	VE		
23	JE			23	SA		
24	VE			24	DI		
25	SA			25	LU		22
26	DI			26	MA		
27	LU		18	27	ME		
28	MA			28	JE		
29	ME			29	VE		
30	JE			30	SA		
				31	DI		

		JUIN	
01	LU		23
02	MA		
03	ME		
04	JE		
05	VE		
06	SA		
07	DI		
08	LU		24
09	MA		
10	ME		
11	JE		
12	VE		
13	SA		
14	DI		
15	LU		25
16	MA		
17	ME		
18	JE		
19	VE		
20	SA		
21	DI		
22	LU		26
23	MA		
24	ME		
25	JE		
26	VE		
27	SA		
28	DI		
29	LU		27
30	MA		

		JUILLET	
01	ME		
02	JE		
03	VE		
04	SA		
05	DI		
06	LU		28
07	MA		
08	ME		
09	JE		
10	VE		
11	SA		
12	DI		
13	LU		29
14	MA		
15	ME		
16	JE		
17	VE		
18	SA		
19	DI		
20	LU		30
21	MA		
22	ME		
23	JE		
24	VE		
25	SA		
26	DI		
27	LU		31
28	MA		
29	ME		
30	JE		
31	VE		

AOÛT

01	SA		
02	DI		
03	LU		32
04	MA		
05	ME		
06	JE		
07	VE		
08	SA		
09	DI		
10	LU		33
11	MA		
12	ME		
13	JE		
14	VE		
15	SA		
16	DI		
17	LU		34
18	MA		
19	ME		
20	JE		
21	VE		
22	SA		
23	DI		
24	LU		35
25	MA		
26	ME		
27	JE		
28	VE		
29	SA		
30	DI		
31	LU		36

SEPTEMBRE

01	MA		
02	ME		
03	JE		
04	VE		
05	SA		
06	DI		
07	LU		37
08	MA		
09	ME		
10	JE		
11	VE		
12	SA		
13	DI		
14	LU		38
15	MA		
16	ME		
17	JE		
18	VE		
19	SA		
20	DI		
21	LU		39
22	MA		
23	ME		
24	JE		
25	VE		
26	SA		
27	DI		
28	LU		40
29	MA		
30	ME		

OCTOBRE

01	JE	
02	VE	
03	SA	
04	DI	
05	LU	41
06	MA	
07	ME	
08	JE	
09	VE	
10	SA	
11	DI	
12	LU	42
13	MA	
14	ME	
15	JE	
16	VE	
17	SA	
18	DI	
19	LU	43
20	MA	
21	ME	
22	JE	
23	VE	
24	SA	
25	SA	
26	LU	44
27	MA	
28	ME	
29	JE	
30	VE	
31	SA	

NOVEMBRE

01	DI	
02	LU	45
03	MA	
04	ME	
05	JE	
06	VE	
07	SA	
08	DI	
09	LU	46
10	MA	
11	ME	
12	JE	
13	VE	
14	SA	
15	DI	
16	LU	47
17	MA	
18	ME	
19	JE	
20	VE	
21	SA	
22	DI	
23	LU	48
24	MA	
25	ME	
26	JE	
27	VE	
28	SA	
29	DI	
30	LU	49

DÉCEMBRE

01	MA	
02	ME	
03	JE	
04	VE	
05	SA	
06	DI	
07	LU	50
08	MA	
09	ME	
10	JE	
11	VE	
12	SA	
13	DI	
14	LU	51
15	MA	
16	ME	
17	JE	
18	VE	
19	SA	
20	DI	
21	LU	52
22	MA	
23	ME	
24	JE	
25	VE	
26	SA	
27	DI	
28	LU	53
29	MA	
30	ME	
31	JE	

JUIL 2019

LU	MA	ME	JE	VE	SA	DI
1	2	3	4	5	6	7
8	9	10	11	12	13	14
15	16	17	18	19	20	21
22	23	24	25	26	27	28
29	30	31				

DATES IMPORTANTES

_____
_____
_____
_____
_____
_____
_____
_____
_____
_____

TO DO'S

- [ ] _____
- [ ] _____
- [ ] _____
- [ ] _____
- [ ] _____
- [ ] _____
- [ ] _____
- [ ] _____
- [ ] _____

SEP 2019

LU	MA	ME	JE	VE	SA	DI
						1
2	3	4	5	6	7	8
9	10	11	12	13	14	15
16	17	18	19	20	21	22
23	24	25	26	27	28	29
30						

Août

LUNDI	MARDI	MERCREDI
29	30	31
5	6	7
12	13	14
19	20	21
26	27	28
2	3	4

2019

JEUDI	VENDREDI	SAMEDI	DIMANCHE
1	2	3	4
8	9	10	11
15	16	17	18
22	23	24	25
29	30	31	1
5	6	7	8

SEMAINE 31

Lundi 29 JUILLET

Mardi 30 JUILLET

Mercredi 31 JUILLET

Jeudi 01 AOÛT

JUILLET–AOÛT 2019

Vendredi
02
AOÛT

Samedi
03
AOÛT

Dimanche
04
AOÛT

AOÛT 2019

Vendredi
09
AOÛT

Samedi
10
AOÛT

Dimanche
11
AOÛT

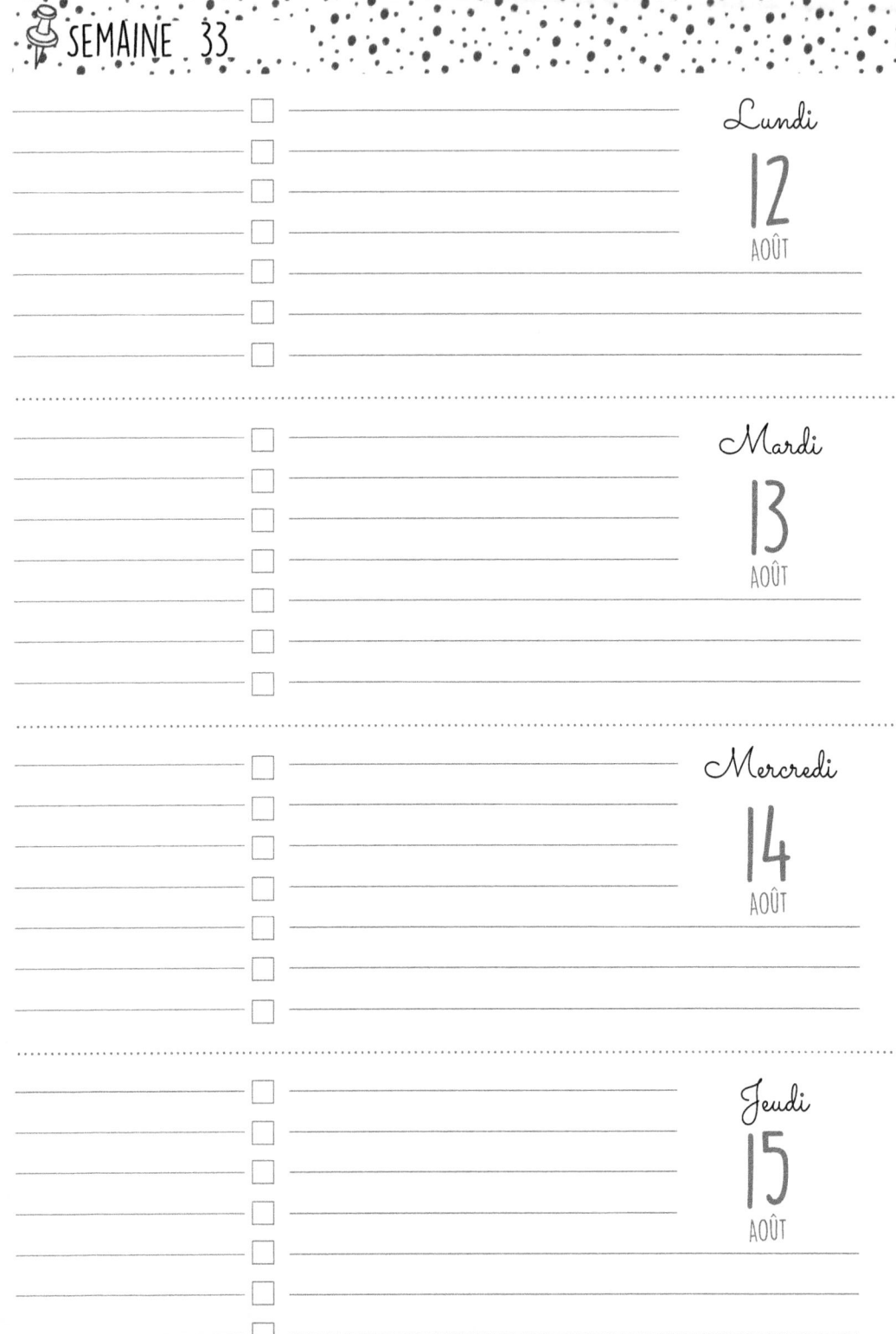

SEMAINE 34

Lundi 19 AOÛT

Mardi 20 AOÛT

Mercredi 21 AOÛT

Jeudi 22 AOÛT

AOÛT 2019

Vendredi
23
AOÛT

Samedi
24
AOÛT

Dimanche
25
AOÛT

SEMAINE 35

Lundi 26 AOÛT

Mardi 27 AOÛT

Mercredi 28 AOÛT

Jeudi 29 AOÛT

AOÛT 2019

Vendredi 30 AOÛT

Samedi 31 AOÛT

Dimanche 01 SEPTEMBRE

AOÛT 2019

LU	MA	ME	JE	VE	SA	DI
			1	2	3	4
5	6	7	8	9	10	11
12	13	14	15	16	17	18
19	20	21	22	23	24	25
26	27	28	29	30	31	

DATES IMPORTANTES

_____
_____
_____
_____
_____
_____
_____
_____
_____

TO DO'S

_____ ☐
_____ ☐
_____ ☐
_____ ☐
_____ ☐
_____ ☐
_____ ☐
_____ ☐
_____ ☐

OCT 2019

LU	MA	ME	JE	VE	SA	DI
	1	2	3	4	5	6
7	8	9	10	11	12	13
14	15	16	17	18	19	20
21	22	23	24	25	26	27
28	29	30	31			

Septembre

LUNDI	MARDI	MERCREDI
26	27	28
2	3	4
9	10	11
16	17	18
23	24	25
30	1	2

2019

JEUDI	VENDREDI	SAMEDI	DIMANCHE
29	30	31	1
5	6	7	8
12	13	14	15
19	20	21	22
26	27	28	29
3	4	5	6

SEMAINE 36

Lundi 02 SEPTEMBRE

Mardi 03 SEPTEMBRE

Mercredi 04 SEPTEMBRE

Jeudi 05 SEPTEMBRE

SEMAINE 37

Lundi 09 SEPTEMBRE

Mardi 10 SEPTEMBRE

Mercredi 11 SEPTEMBRE

Jeudi 12 SEPTEMBRE

SEPTEMBRE 2019.

Vendredi
13
SEPTEMBRE

Samedi
14
SEPTEMBRE

Dimanche
15
SEPTEMBRE

SEMAINE 38

Lundi 16 septembre

Mardi 17 septembre

Mercredi 18 septembre

Jeudi 19 septembre

SEPTEMBRE 2019

Vendredi 20 septembre

Samedi 21 septembre

Dimanche 22 septembre

SEMAINE 39

Lundi
23
SEPTEMBRE

Mardi
24
SEPTEMBRE

Mercredi
25
SEPTEMBRE

Jeudi
26
SEPTEMBRE

SEPTEMBRE 2019

Vendredi 27 septembre

Samedi 28 septembre

Dimanche 29 septembre

SEP 2019

LU	MA	ME	JE	VE	SA	DI
						1
2	3	4	5	6	7	8
9	10	11	12	13	14	15
16	17	18	19	20	21	22
23	24	25	26	27	28	29
30						

DATES IMPORTANTES

_____
_____
_____
_____
_____
_____
_____
_____
_____
_____
_____

TO DO'S

_____ ☐
_____ ☐
_____ ☐
_____ ☐
_____ ☐
_____ ☐
_____ ☐
_____ ☐
_____ ☐
_____ ☐

NOV 2019

LU	MA	ME	JE	VE	SA	DI
				1	2	3
4	5	6	7	8	9	10
11	12	13	14	15	16	17
18	19	20	21	22	23	24
25	26	27	28	29	30	

Octobre

LUNDI	MARDI	MERCREDI
30	1	2
7	8	9
14	15	16
21	22	23
28	29	30

2019

JEUDI	VENDREDI	SAMEDI	DIMANCHE
3	4	5	6
10	11	12	13
17	18	19	20
24	25	26	27
31		2	

SEPTEMBRE – OCTOBRE 2019

Vendredi

04
OCTOBRE

Samedi

05
OCTOBRE

Dimanche

06
OCTOBRE

SEMAINE 41

Lundi 07 OCTOBRE

Mardi 08 OCTOBRE

Mercredi 09 OCTOBRE

Jeudi 10 OCTOBRE

OCTOBRE 2019

Vendredi
11
OCTOBRE

Samedi
12
OCTOBRE

Dimanche
13
OCTOBRE

SEMAINE 42

Lundi 14 OCTOBRE

Mardi 15 OCTOBRE

Mercredi 16 OCTOBRE

Jeudi 17 OCTOBRE

OCTOBRE 2019

Vendredi
18
OCTOBRE

Samedi
19
OCTOBRE

Dimanche
20
OCTOBRE

OCTOBRE 2019

Vendredi

25
OCTOBRE

Samedi

26
OCTOBRE

Dimanche

27
OCTOBRE

SEMAINE 44

Lundi 28 OCTOBRE

Mardi 29 OCTOBRE

Mercredi 30 OCTOBRE

Jeudi 31 OCTOBRE

OCTOBRE — NOVEMBRE 2019

Vendredi
01
NOVEMBRE

Samedi
02
NOVEMBRE

Dimanche
03
NOVEMBRE

Novembre

OCT 2019
LU MA ME JE VE SA DI
     1 2 3 4 5 6
7 8 9 10 11 12 13
14 15 16 17 18 19 20
21 22 23 24 25 26 27
28 29 30 31

DATES IMPORTANTES

_____
_____
_____
_____
_____
_____
_____
_____
_____
_____

TO DO'S

_____ ☐
_____ ☐
_____ ☐
_____ ☐
_____ ☐
_____ ☐
_____ ☐
_____ ☐
_____ ☐
_____ ☐

DEC 2019
LU MA ME JE VE SA DI
                   1
2 3 4 5 6 7 8
9 10 11 12 13 14 15
16 17 18 19 20 21 22
23 24 25 26 27 28 29
30 31

LUNDI	MARDI	MERCREDI
28	29	30
4	5	6
11	12	13
18	19	20
25	26	27

2019

JEUDI	VENDREDI	SAMEDI	DIMANCHE
31	1	2	3
7	8	9	10
14	15	16	17
21	22	23	24
28	29	30	1

SEMAINE 45

Lundi 04 NOVEMBRE

Mardi 05 NOVEMBRE

Mercredi 06 NOVEMBRE

Jeudi 07 NOVEMBRE

NOVEMBRE 2019

Vendredi
08
NOVEMBRE

Samedi
09
NOVEMBRE

Dimanche
10
NOVEMBRE

SEMAINE 46

Lundi 11 novembre

Mardi 12 novembre

Mercredi 13 novembre

Jeudi 14 novembre

NOVEMBRE 2019

Vendredi
15
NOVEMBRE

Samedi
16
NOVEMBRE

Dimanche
17
NOVEMBRE

SEMAINE 47

Lundi 18 NOVEMBRE

Mardi 19 NOVEMBRE

Mercredi 20 NOVEMBRE

Jeudi 21 NOVEMBRE

NOVEMBRE 2019

Vendredi
22
NOVEMBRE

Samedi
23
NOVEMBRE

Dimanche
24
NOVEMBRE

SEMAINE 48

Lundi 25 NOVEMBRE

Mardi 26 NOVEMBRE

Mercredi 27 NOVEMBRE

Jeudi 28 NOVEMBRE

NOVEMBRE — DÉCEMBRE 2019

Vendredi 29 novembre

Samedi 30 novembre

Dimanche 01 décembre

Décembre

NOV 2019
LU MA ME JE VE SA DI
          1 2 3
 4 5 6 7 8 9 10
11 12 13 14 15 16 17
18 19 20 21 22 23 24
25 26 27 28 29 30

DATES IMPORTANTES
_____
_____
_____
_____
_____
_____
_____
_____
_____
_____

TO DO'S
_____ ☐
_____ ☐
_____ ☐
_____ ☐
_____ ☐
_____ ☐
_____ ☐
_____ ☐

JAN 2020
LU MA ME JE VE SA DI
       1 2 3 4 5
 6 7 8 9 10 11 12
13 14 15 16 17 18 19
20 21 22 23 24 25 26
27 28 29 30 31

LUNDI	MARDI	MERCREDI
25	26	27
2	3	4
9	10	11
16	17	18
23	24	25
30	31	1

2019

JEUDI	VENDREDI	SAMEDI	DIMANCHE
28	29	30	1
5	6	7	8
12	13	14	15
19	20	21	22
26	27	28	29
2	3	4	5

SEMAINE 49

Lundi 02 DÉCEMBRE

Mardi 03 DÉCEMBRE

Mercredi 04 DÉCEMBRE

Jeudi 05 DÉCEMBRE

SEMAINE 50

Lundi 09 DÉCEMBRE

Mardi 10 DÉCEMBRE

Mercredi 11 DÉCEMBRE

Jeudi 12 DÉCEMBRE

DÉCEMBRE 2019

Vendredi
13
DÉCEMBRE

Samedi
14
DÉCEMBRE

Dimanche
15
DÉCEMBRE

SEMAINE 51

Lundi 16 décembre

Mardi 17 décembre

Mercredi 18 décembre

Jeudi 19 décembre

DÉCEMBRE 2019

Vendredi 20 décembre

Samedi 21 décembre

Dimanche 22 décembre

SEMAINE 52

Lundi
23
DÉCEMBRE

Mardi
24
DÉCEMBRE

Mercredi
25
DÉCEMBRE

Jeudi
26
DÉCEMBRE

DÉCEMBRE 2019

Vendredi
27
décembre

Samedi
28
décembre

Dimanche
29
décembre

DÉC 2019

LU	MA	ME	JE	VE	SA	DI
						1
2	3	4	5	6	7	8
9	10	11	12	13	14	15
16	17	18	19	20	21	22
23	24	25	26	27	28	29
30	31					

Janvier

LUNDI	MARDI	MERCREDI
30	31	1
6	7	8
13	14	15
20	21	22
27	28	29

DATES IMPORTANTES

_____
_____
_____
_____
_____
_____
_____
_____
_____
_____
_____

TO DO'S

_____ ☐
_____ ☐
_____ ☐
_____ ☐
_____ ☐
_____ ☐
_____ ☐
_____ ☐
_____ ☐

FÉV 2020

LU	MA	ME	JE	VE	SA	DI
					1	2
3	4	5	6	7	8	9
10	11	12	13	14	15	16
17	18	19	20	21	22	23
24	25	26	27	28	29	

2020

JEUDI	VENDREDI	SAMEDI	DIMANCHE
2	3	4	5
9	10	11	12
16	17	18	19
23	24	25	26
30	31		

SEMAINE 01

Lundi 30 DÉCEMBRE

Mardi 31 DÉCEMBRE

Mercredi 01 JANVIER

Jeudi 02 JANVIER

DÉCEMBRE – JANVIER 2019

Vendredi
03
JANVIER

Samedi
04
JANVIER

Dimanche
05
JANVIER

SEMAINE 02

Lundi 06 JANVIER

Mardi 07 JANVIER

Mercredi 08 JANVIER

Jeudi 9 JANVIER

JANVIER 2020

Vendredi
10
JANVIER

Samedi
11
JANVIER

Dimanche
12
JANVIER

JANVIER 2020

Vendredi 17 janvier

Samedi 18 janvier

Dimanche 19 janvier

SEMAINE 04

Lundi 20 JANVIER

Mardi 21 JANVIER

Mercredi 22 JANVIER

Jeudi 23 JANVIER

SEMAINE 05

Lundi 27 JANVIER

Mardi 28 JANVIER

Mercredi 29 JANVIER

Jeudi 30 JANVIER

JANVIER – FÉVRIER 2020

Vendredi
31
JANVIER

Samedi
01
FÉVRIER

Dimanche
02
FÉVRIER

Février

JAN 2020
LU MA ME JE VE SA DI

		1	2	3	4	5
6	7	8	9	10	11	12
13	14	15	16	17	18	19
20	21	22	23	24	25	26
27	28	29	30	31		

DATES IMPORTANTES

_____
_____
_____
_____
_____
_____
_____
_____
_____
_____
_____
_____

TO DO'S

_____ ☐
_____ ☐
_____ ☐
_____ ☐
_____ ☐
_____ ☐
_____ ☐
_____ ☐
_____ ☐

MAR 2020
LU MA ME JE VE SA DI

						1
2	3	4	5	6	7	8
9	10	11	12	13	14	15
16	17	18	19	20	21	22
23	24	25	26	27	28	29
30	31					

LUNDI	MARDI	MERCREDI
26	27	28
3	4	5
10	11	12
17	18	19
24	25	26

2020

JEUDI	VENDREDI	SAMEDI	DIMANCHE
29	30	1	2
6	7	8	9
13	14	15	16
20	21	22	23
27	28	29	1

SEMAINE 06

Lundi
03 FÉVRIER

Mardi
04 FÉVRIER

Mercredi
05 FÉVRIER

Jeudi
06 FÉVRIER

FÉVRIER 2020

Vendredi
07
FÉVRIER

Samedi
08
FÉVRIER

Dimanche
09
FÉVRIER

SEMAINE 07

Lundi 10 FÉVRIER

Mardi 11 FÉVRIER

Mercredi 12 FÉVRIER

Jeudi 13 FÉVRIER

FÉVRIER 2020

Vendredi
14
FÉVRIER

Samedi
15
FÉVRIER

Dimanche
16
FÉVRIER

SEMAINE 08

Lundi 17 février

- [ ]
- [ ]
- [ ]
- [ ]
- [ ]
- [ ]
- [ ]
- [ ]

Mardi 18 février

- [ ]
- [ ]
- [ ]
- [ ]
- [ ]
- [ ]
- [ ]
- [ ]

Mercredi 19 février

- [ ]
- [ ]
- [ ]
- [ ]
- [ ]
- [ ]
- [ ]
- [ ]

Jeudi 20 février

- [ ]
- [ ]
- [ ]
- [ ]
- [ ]
- [ ]
- [ ]
- [ ]

FÉVRIER 2020

Vendredi

21
FÉVRIER

Samedi

22
FÉVRIER

Dimanche

23
FÉVRIER

SEMAINE 09

Lundi 24 février

Mardi 25 février

Mercredi 26 février

Jeudi 27 février

FÉVRIER — MARS 2020

Vendredi
28
FÉVRIER

Samedi
29
FÉVRIER

Dimanche
01
MARS

FÉV 2020

LU	MA	ME	JE	VE	SA	DI
					1	2
3	4	5	6	7	8	9
10	11	12	13	14	15	16
17	18	19	20	21	22	23
24	25	26	27	28	29	

DATES IMPORTANTES

_____
_____
_____
_____
_____
_____
_____
_____
_____
_____
_____
_____

TO DO'S

- ☐ _____
- ☐ _____
- ☐ _____
- ☐ _____
- ☐ _____
- ☐ _____
- ☐ _____
- ☐ _____
- ☐ _____
- ☐ _____

AVR 2020

LU	MA	ME	JE	VE	SA	DI
		1	2	3	4	5
6	7	8	9	10	11	12
13	14	15	16	17	18	19
20	21	22	23	24	25	26
27	28	29	30			

Mars

LUNDI	MARDI	MERCREDI
24	25	26
2	3	4
9	10	11
16	17	18
23	24	25
30	31	

2020

JEUDI	VENDREDI	SAMEDI	DIMANCHE
27	28	29	1
5	6	7	8
12	13	14	15
19	20	21	22
26	27	28	29

MARS 2020

Vendredi
06
MARS

Samedi
07
MARS

Dimanche
08
MARS

SEMAINE 11

Lundi 09 MARS

Mardi 10 MARS

Mercredi 11 MARS

Jeudi 12 MARS

MARS 2020

Vendredi
13
MARS

Samedi
14
MARS

Dimanche
15
MARS

SEMAINE 12

Lundi
16
MARS

Mardi
17
MARS

Mercredi
18
MARS

Jeudi
19
MARS

MARS 2020

Vendredi
20
MARS

Samedi
21
MARS

Dimanche
22
MARS

SEMAINE 13

Lundi 23 MARS

Mardi 24 MARS

Mercredi 25 MARS

Jeudi 26 MARS

MARS 2020

Vendredi
27
MARS

Samedi
28
MARS

Dimanche
29
MARS

MAR 2020

LU	MA	ME	JE	VE	SA	DI
						1
2	3	4	5	6	7	8
9	10	11	12	13	14	15
16	17	18	19	20	21	22
23	24	25	26	27	28	29
30	31					

DATES IMPORTANTES

_____
_____
_____
_____
_____
_____
_____
_____
_____
_____

TO DO'S

_____ ☐
_____ ☐
_____ ☐
_____ ☐
_____ ☐
_____ ☐
_____ ☐
_____ ☐
_____ ☐

MAI 2020

LU	MA	ME	JE	VE	SA	DI
				1	2	3
4	5	6	7	8	9	10
11	12	13	14	15	16	17
18	19	20	21	22	23	24
25	26	27	28	29	30	31

Avril

LUNDI	MARDI	MERCREDI
30	31	1
6	7	8
13	14	15
20	21	22
27	28	29

2020

JEUDI	VENDREDI	SAMEDI	DIMANCHE
2	3	4	5
9	10	11	12
16	17	18	19
23	24	25	26
30	1	2	3

SEMAINE 14

Lundi 30 MARS

Mardi 31 MARS

Mercredi 01 AVRIL

Jeudi 02 AVRIL

MARS – AVRIL 2020

Vendredi
03
AVRIL

Samedi
04
AVRIL

Dimanche
05
AVRIL

SEMAINE 15

Lundi 06 AVRIL

Mardi 07 AVRIL

Mercredi 08 AVRIL

Jeudi 09 AVRIL

AVRIL 2020

Vendredi
10
AVRIL

Samedi
11
AVRIL

Dimanche
12
AVRIL

SEMAINE 16

Lundi 13 AVRIL

Mardi 14 AVRIL

Mercredi 15 AVRIL

Jeudi 16 AVRIL

AVRIL 2020

Vendredi 17 AVRIL

Samedi 18 AVRIL

Dimanche 19 AVRIL

SEMAINE 17

Lundi
20
AVRIL

Mardi
21
AVRIL

Mercredi
22
AVRIL

Jeudi
23
AVRIL

SEMAINE 18

Lundi 27 AVRIL

Mardi 28 AVRIL

Mercredi 29 AVRIL

Jeudi 30 AVRIL

AVRIL — MAI 2020

Vendredi
01
MAI

Samedi
02
MAI

Dimanche
03
MAI

AVR 2020

LU	MA	ME	JE	VE	SA	DI
		1	2	3	4	5
6	7	8	9	10	11	12
13	14	15	16	17	18	19
20	21	22	23	24	25	26
27	28	29	30			

DATES IMPORTANTES

TO DO'S

JUIN 2020

LU	MA	ME	JE	VE	SA	DI
1	2	3	4	5	6	7
8	9	10	11	12	13	14
15	16	17	18	19	20	21
22	23	24	25	26	27	28
29	30					

Mai

LUNDI	MARDI	MERCREDI
27	28	29
4	5	6
11	12	13
18	19	20
25	26	27

2020

JEUDI	VENDREDI	SAMEDI	DIMANCHE
30	1	2	3
7	8	9	10
14	15	16	17
21	22	23	24
28	29	30	31

SEMAINE 19

Lundi 04 MAI

Mardi 05 MAI

Mercredi 06 MAI

Jeudi 07 MAI

MAI 2020

Vendredi
08
MAI

Samedi
09
MAI

Dimanche
10
MAI

MAI 2020

Vendredi
15
MAI

Samedi
16
MAI

Dimanche
17
MAI

SEMAINE 21

Lundi 18 MAI

Mardi 19 MAI

Mercredi 20 MAI

Jeudi 21 MAI

MAI 2020

Vendredi 22 MAI

Samedi 23 MAI

Dimanche 24 MAI

MAI 2020

Vendredi
29
MAI

Samedi
30
MAI

Dimanche
31
MAI

MAI 2020

LU	MA	ME	JE	VE	SA	DI
				1	2	3
4	5	6	7	8	9	10
11	12	13	14	15	16	17
18	19	20	21	22	23	24
25	26	27	28	29	30	31

DATES IMPORTANTES

_____
_____
_____
_____
_____
_____
_____
_____
_____
_____

TO DO'S

_____ ☐
_____ ☐
_____ ☐
_____ ☐
_____ ☐
_____ ☐
_____ ☐
_____ ☐
_____ ☐

JUIL 2020

LU	MA	ME	JE	VE	SA	DI
		1	2	3	4	5
6	7	8	9	10	11	12
13	14	15	16	17	18	19
20	21	22	23	24	25	26
27	28	29	30	31		

Juin

LUNDI	MARDI	MERCREDI
1	2	3
8	9	10
15	16	17
22	23	24
29	30	1

2020

JEUDI	VENDREDI	SAMEDI	DIMANCHE
4	5	6	7
11	12	13	14
18	19	20	21
25	26	27	28
2	3	4	5

SEMAINE 23

Lundi 01 JUIN

Mardi 02 JUIN

Mercredi 03 JUIN

Jeudi 04 JUIN

JUIN 2020

Vendredi
12
JUIN

Samedi
13
JUIN

Dimanche
14
JUIN

SEMAINE 25

Lundi 15 JUIN

Mardi 16 JUIN

Mercredi 17 JUIN

Jeudi 18 JUIN

JUIN 2020

Vendredi
19
JUIN

Samedi
20
JUIN

Dimanche
21
JUIN

SEMAINE 26

Lundi 22 JUIN

Mardi 23 JUIN

Mercredi 24 JUIN

Jeudi 25 JUIN

SEMAINE 27

Lundi 29 JUIN

Mardi 30 JUIN

Mercredi 01 JUILLET

Jeudi 02 JUILLET

JUIN – JUILLET 2020

Vendredi
03
JUILLET

Samedi
04
JUILLET

Dimanche
05
JUILLET

JUIN 2020

LU	MA	ME	JE	VE	SA	DI
1	2	3	4	5	6	7
8	9	10	11	12	13	14
15	16	17	18	19	20	21
22	23	24	25	26	27	28
29	30					

DATES IMPORTANTES

_____
_____
_____
_____
_____
_____
_____
_____
_____

TO DO'S

_____ ☐
_____ ☐
_____ ☐
_____ ☐
_____ ☐
_____ ☐
_____ ☐
_____ ☐
_____ ☐

AOÛT 2020

LU	MA	ME	JE	VE	SA	DI
					1	2
3	4	5	6	7	8	9
10	11	12	13	14	15	16
17	18	19	20	21	22	23
24	25	26	27	28	29	30

Juillet

LUNDI	MARDI	MERCREDI
29	30	1
6	7	8
13	14	15
20	21	22
27	28	29

2020

JEUDI	VENDREDI	SAMEDI	DIMANCHE
2	3	4	5
9	10	11	12
16	17	18	19
23	24	25	26
30	31	1	2

SEMAINE 28

Lundi 06 JUILLET

Mardi 07 JUILLET

Mercredi 08 JUILLET

Jeudi 09 JUILLET

JUILLET 2020

Vendredi
10
JUILLET

Samedi
11
JUILLET

Dimanche
12
JUILLET

SEMAINE 29

Lundi 13 JUILLET

Mardi 14 JUILLET

Mercredi 15 JUILLET

Jeudi 16 JUILLET

JUILLET 2020

Vendredi 17 JUILLET

Samedi 18 JUILLET

Dimanche 19 JUILLET

SEMAINE 30

Lundi 20 JUILLET

Mardi 21 JUILLET

Mercredi 22 JUILLET

Jeudi 23 JUILLET

SEMAINE 31

Lundi 27 JUILLET

Mardi 28 JUILLET

Mercredi 29 JUILLET

Jeudi 30 JUILLET

Août

JUIL 2020
LU	MA	ME	JE	VE	SA	DI
		1	2	3	4	5
6	7	8	9	10	11	12
13	14	15	16	17	18	19
20	21	22	23	24	25	26
27	28	29	30	31		

DATES IMPORTANTES

_____
_____
_____
_____
_____
_____
_____
_____
_____
_____

TO DO'S

- ☐ _____
- ☐ _____
- ☐ _____
- ☐ _____
- ☐ _____
- ☐ _____
- ☐ _____
- ☐ _____
- ☐ _____

SEP 2020
LU	MA	ME	JE	VE	SA	DI
	1	2	3	4	5	6
7	8	9	10	11	12	13
14	15	16	17	18	19	20
21	22	23	24	25	26	27
28	29	30				

LUNDI	MARDI	MERCREDI
27	28	29
3	4	5
10	11	12
17	18	19
24	25	26
31		

2020

JEUDI	VENDREDI	SAMEDI	DIMANCHE
30	31	1	2
6	7	8	9
13	14	15	16
20	21	22	23
27	28	29	30

SEMAINE 32

Lundi 03 AOÛT

Mardi 04 AOÛT

Mercredi 05 AOÛT

Jeudi 06 AOÛT

AOÛT 2020

Vendredi
07
AOÛT

Samedi
08
AOÛT

Dimanche
09
AOÛT

SEMAINE 33

Lundi 10 AOÛT

Mardi 11 AOÛT

Mercredi 12 AOÛT

Jeudi 13 AOÛT

SEMAINE 34

Lundi
17
AOÛT

Mardi
18
AOÛT

Mercredi
19
AOÛT

Jeudi
20
AOÛT

SEMAINE 35

Lundi 24 AOÛT

Mardi 25 AOÛT

Mercredi 26 AOÛT

Jeudi 27 AOÛT

AOÛT 2020

Vendredi
28
AOÛT

Samedi
29
AOÛT

Dimanche
30
AOÛT

AOÛT 2020

LU MA ME JE VE SA DI

					1	2
3	4	5	6	7	8	9
10	11	12	13	14	15	16
17	18	19	20	21	22	23
24	25	26	27	28	29	30
31						

DATES IMPORTANTES

_____
_____
_____
_____
_____
_____
_____
_____
_____
_____
_____
_____

TO DO'S

_____ ☐
_____ ☐
_____ ☐
_____ ☐
_____ ☐
_____ ☐
_____ ☐
_____ ☐
_____ ☐

OCT 2020

LU MA ME JE VE SA DI

			1	2	3	4
5	6	7	8	9	10	11
12	13	14	15	16	17	18
19	20	21	22	23	24	25
26	27	28	29	30	31	

Septembre

LUNDI	MARDI	MERCREDI
31	1	2
7	8	9
14	15	16
21	22	23
28	29	30

2020

JEUDI	VENDREDI	SAMEDI	DIMANCHE
3	4	5	6
10	11	12	13
17	18	19	20
24	25	26	27
1	2	3	4

SEMAINE 36

Lundi 31 AOÛT

Mardi 01 SEPTEMBRE

Mercredi 02 SEPTEMBRE

Jeudi 03 SEPTEMBRE

AOÛT – SEPTEMBRE 2020

Vendredi
04
SEPTEMBRE

Samedi
05
SEPTEMBRE

Dimanche
06
SEPTEMBRE

SEMAINE 37

Lundi 07 SEPTEMBRE

Mardi 08 SEPTEMBRE

Mercredi 09 SEPTEMBRE

Jeudi 10 SEPTEMBRE

SEPTEMBRE 2020

Vendredi
11
SEPTEMBRE

Samedi
12
SEPTEMBRE

Dimanche
13
SEPTEMBRE

SEMAINE 38

Lundi 14 SEPTEMBRE

Mardi 15 SEPTEMBRE

Mercredi 16 SEPTEMBRE

Jeudi 17 SEPTEMBRE

SEMAINE 40

Lundi 28 septembre

Mardi 29 septembre

Mercredi 30 septembre

Jeudi 01 octobre

SEPTEMBRE — OCTOBRE

Vendredi 02 OCTOBRE

Samedi 03 OCTOBRE

Dimanche 04 OCTOBRE

Octobre

SEP 2020

LU	MA	ME	JE	VE	SA	DI
	1	2	3	4	5	6
7	8	9	10	11	12	13
14	15	16	17	18	19	20
21	22	23	24	25	26	27
28	29	30				

DATES IMPORTANTES

_____
_____
_____
_____
_____
_____
_____
_____
_____

TO DO'S

_____ ☐
_____ ☐
_____ ☐
_____ ☐
_____ ☐
_____ ☐
_____ ☐
_____ ☐

NOV 2020

LU	MA	ME	JE	VE	SA	DI
						1
2	3	4	5	6	7	8
9	10	11	12	13	14	15
16	17	18	19	20	21	22
23	24	25	26	27	28	29

LUNDI	MARDI	MERCREDI
28	29	30
5	6	7
12	13	14
19	20	21
26	27	28
2	3	4

2020

JEUDI	VENDREDI	SAMEDI	DIMANCHE
1	2	3	4
8	9	10	11
15	16	17	18
22	23	24	25
29	30	31	
5	6	7	8

SEMAINE 41

Lundi 05 OCTOBRE

Mardi 06 SEPTEMBRE

Mercredi 07 SEPTEMBRE

Jeudi 08 OCTOBRE

OCTOBRE 2020

Vendredi
09
OCTOBRE

Samedi
10
OCTOBRE

Dimanche
11
OCTOBRE

SEMAINE 42

Lundi 12 OCTOBRE

Mardi 13 SEPTEMBRE

Mercredi 14 SEPTEMBRE

Jeudi 15 OCTOBRE

SEMAINE 43

Lundi 19 OCTOBRE

Mardi 20 SEPTEMBRE

Mercredi 21 SEPTEMBRE

Jeudi 22 OCTOBRE

SEMAINE 44

Lundi
26
OCTOBRE

Mardi
27
SEPTEMBRE

Mercredi
28
SEPTEMBRE

Jeudi
29
OCTOBRE

OCTOBRE–NOVEMBRE 2020

Vendredi 30 OCTOBRE

Samedi 31 OCTOBRE

Dimanche 01 NOVEMBRE

OCT 2020

LU	MA	ME	JE	VE	SA	DI
			1	2	3	4
5	6	7	8	9	10	11
12	13	14	15	16	17	18
19	20	21	22	23	24	25
26	27	28	29	30	31	

DATES IMPORTANTES

_____
_____
_____
_____
_____
_____
_____
_____
_____
_____
_____
_____

TO DO'S

_____ ☐
_____ ☐
_____ ☐
_____ ☐
_____ ☐
_____ ☐
_____ ☐
_____ ☐
_____ ☐
_____ ☐

DÉC 2020

LU	MA	ME	JE	VE	SA	DI
	1	2	3	4	5	6
7	8	9	10	11	12	13
14	15	16	17	18	19	20
21	22	23	24	25	26	27
28	29	30	31			

Novembre

LUNDI	MARDI	MERCREDI
26	27	28
2	3	4
9	10	11
16	17	18
23	24	25
30		

2020

JEUDI	VENDREDI	SAMEDI	DIMANCHE
29	30	31	1
5	6	7	8
12	13	14	15
19	20	21	22
26	27	28	29

SEMAINE 45

Lundi 02 NOVEMBRE

Mardi 03 NOVEMBRE

Mercredi 04 NOVEMBRE

Jeudi 05 NOVEMBRE

NOVEMBRE 2020

Vendredi
13
NOVEMBRE

Samedi
14
NOVEMBRE

Dimanche
15
NOVEMBRE

SEMAINE 47

Lundi 16 NOVEMBRE

Mardi 17 NOVEMBRE

Mercredi 18 NOVEMBRE

Jeudi 19 NOVEMBRE

NOVEMBRE 2020

Vendredi
20
NOVEMBRE

Samedi
21
NOVEMBRE

Dimanche
22
NOVEMBRE

SEMAINE 48

Lundi 23 NOVEMBRE

Mardi 24 NOVEMBRE

Mercredi 25 NOVEMBRE

Jeudi 26 NOVEMBRE

NOVEMBRE 2020

Vendredi
27
NOVEMBRE

Samedi
28
NOVEMBRE

Dimanche
29
NOVEMBRE

NOV 2020

LU MA ME JE VE SA DI

						1
2	3	4	5	6	7	8
9	10	11	12	13	14	15
16	17	18	19	20	21	22
23	24	25	26	27	28	29
30						

DATES IMPORTANTES

_____
_____
_____
_____
_____
_____
_____
_____
_____
_____
_____
_____
_____

TO DO'S

- [ ] _____
- [ ] _____
- [ ] _____
- [ ] _____
- [ ] _____
- [ ] _____
- [ ] _____
- [ ] _____
- [ ] _____

JAN 2021

LU MA ME JE VE SA DI

				1	2	3
4	5	6	7	8	9	10
11	12	13	14	15	16	17
18	19	20	21	22	23	24
25	26	27	28	29	30	31

Décembre

LUNDI	MARDI	MERCREDI
30	1	2
7	8	9
14	15	16
21	22	23
28	29	30

2020

JEUDI	VENDREDI	SAMEDI	DIMANCHE
3	4	5	6
10	11	12	13
17	18	19	20
24	25	26	27
31	1	2	3

SEMAINE 49

Lundi 30 NOVEMBRE

Mardi 01 DÉCEMBRE

Mercredi 02 DÉCEMBRE

Jeudi 03 DÉCEMBRE

NOVEMBRE — DÉCEMBRE 2020

Vendredi
04
DÉCEMBRE

Samedi
05
DÉCEMBRE

Dimanche
06
DÉCEMBRE

SEMAINE 50

Lundi 07 DÉCEMBRE

Mardi 08 DÉCEMBRE

Mercredi 09 DÉCEMBRE

Jeudi 10 DÉCEMBRE

DÉCEMBRE 2020

Vendredi
11
DÉCEMBRE

Samedi
12
DÉCEMBRE

Dimanche
13
DÉCEMBRE

SEMAINE 51

Lundi 14 décembre

Mardi 15 décembre

Mercredi 16 décembre

Jeudi 17 décembre

DÉCEMBRE 2020

Vendredi
25
DÉCEMBRE

Samedi
26
DÉCEMBRE

Dimanche
27
DÉCEMBRE

SEMAINE 53

Lundi 28 décembre

Mardi 29 décembre

Mercredi 30 décembre

Jeudi 31 décembre

DÉCEMBRE 2020 — JANVIER 2021

Vendredi 01 JANVIER

- [ ]
- [ ]
- [ ]
- [ ]
- [ ]
- [ ]
- [ ]
- [ ]

Samedi 02 JANVIER

- [ ]
- [ ]
- [ ]
- [ ]
- [ ]
- [ ]
- [ ]
- [ ]

Dimanche 03 JANVIER

- [ ]
- [ ]
- [ ]
- [ ]
- [ ]
- [ ]
- [ ]
- [ ]

Notes

Vacances en france

2019	2020	
01. Janvier	01. Janvier	Jour de l'an
19. Avril	10. Avril	Vendredi saint
22. Avril	13. Avril	Lundi de Pâques
01. Mai	01. Mai	Fête du Travail
08. Mai	08. Mai	Fête de la Victoire
30. Mai	21. Mai	Ascension
10. Juin	01. Juin	Lundi de Pentecôte
14. Juillet	14. Juillet	Fête Nationale
15. Août	15. Août	Assomption
01. Novembre	01. Novembre	Toussaint
11. Novembre	11. Novembre	Armistice de 1918
25. Décembre	25. Décembre	Noël
26. Décembre	26. Décembre	Deuxième jour de Noël

Contacts

NOM	É-MAIL	MOBILE

Mots de passe

WEBSITE	É-MAIL	MOT DE PASSE

Impressum

Feedback:
feedback@mertens-publication.de

Edition : Books on Demand,
12/14 rond-Point des Champs-Elysées, 75008 Paris
Impression : BoD - Books on Demand, Norderstedt, Allemagne
ISBN :
9782322128075

Mertens Ventures Ltd.
Tefkrou Anthia No 2 Office 301
6045 Larnaca
Zypern
E-Mail: kontakt@mertens-publication.de

Das Werk, einschließlich seiner Teile, ist urheberrechtlich geschützt. Jede Verwertung außerhalb der engen Grenzen des Urheberrechtsgesetzes ist ohne Zustimmung des Verlages und des Autors unzulässig. Dies gilt insbesondere für die elektronische oder sonstige Vervielfältigung, Übersetzung, Verbreitung und öffentliche Zugänglichmachung.

Dépôt légal : juillet 2019